# 超一流の「数字」の使い方



千田琢哉

SOGO HOREI PUBLISHING CO., LTD

# プロローグ　人類の共通言語は、英語ではなくロジックである。

日本人の英語コンプレックスが長らく続いている。

ひと昔前は、中学1年生からスタートした英語の授業も、現在では小学生からスタートしている。

相変わらず駅前には英会話スクールが乱立しているし、最低限の英語能力がなければ、就職活動や転職活動をする資格もないと言わんばかりの風潮《ふうちょう》である。

私は英会話スクールに恨みがあるわけでもなければ、英語学習を否定したいわけでもない。

グローバル化が叫ばれて久しいが、英語が話せるに越したことはないと私も思う。

ただし、英語は単なる言語に過ぎないから、英語を話せること、それ自体の価値は低い。

地球上で英語を話せる人類は4人に1人だと言われているし、その中には頭の良い人もいれば悪い人もおり、富者《ふしゃ》もいれば貧者《ひんじゃ》もいる。

# [ Prologue ] 人類の共通言語は、英語ではなくロジックである。

日本人が日本語を話せても、特別に価値があるわけではないのと同じことだ。

では、どんな人々が世界中で頭の良い人であり、富者となっているのか。

**それは、ロジックで考える人々である。**

要は、数字に強い人間が頭の良い人であり、桁違《けたちが》いに成功しやすいということだ。

我が国でも「大学受験のとき、文系で数学を受験した人は、そうでない人たちよりも年収が高い」「理系では、理科の得意科目を物理と答えた人の年収が一番高い」という論文も発表されている。

先ほど、英語は人類の4人に1人は話せると述べたが、これは換言《かんげん》すれば4人に3人は話せないということでもある。

現実問題として、人類の過半数には英語が通じないということだ。

**人類の共通言語とは、ロジックなのだ。**

1＋1＝2というロジックは、イギリスでもスペインでも日本でも通じる。

A＝B、B＝C∴A＝Cというロジックは、インドでも中国でもアメリカでも通じる。

A＝B、B≠C∴A≠Cというロジックは、北欧でもエジプトでもロシアでも通じる。

ロジックこそが人類の共通言語であり、どれだけロジックを使いこなせるかによって、その人のポジションが決まるのだ。
本書が、あなたの明るい人生を切り拓くきっかけになれば著者冥利《みょうり》に尽きる。

2018年5月吉日　南青山の書斎から　千田琢哉

# ［第1章］

## 数字の基本

[第2章]

# 論理的思考は数字から

[ 第3章 ]

# 仕事の資料は数字がカギとなる

［第4章］

# コミュニケーション力が上がる数字の使い方

# ［第1章］

# 数字の基本

[01]

# 数字の歴史は人類の歴史より遥《はる》かに長い。

あなたは意外に思うかもしれないが、数字は人間が創造したものではない。

人類が誕生する遥か昔の宇宙が誕生する前から、数字は存在していた。

混沌《こんとん》としたこの自然界には、すでに数字どころか数学までもが完璧に溶け込んでいた。それを、野生の動物と違い、本能だけでは生きていくことができなかった人類が、異常なまでに発達した大脳を使って、自分たちに都合の良いように秩序《ちつじょ》立てただけなのだ。

「発見」を英語で〝discover〟と表記するのは誰でも知っているが、その語源《ごげん》を辿《たど》るとcover（覆《おお》われた）ものをdis（剥《は》がす）という意味である。

つまり「すでにこの世に存在していた真理を明るみに出すこと」が、発見なのだ。

大昔に神が創造したものを人間が明るみに出して、はしゃいでいるだけなのだ。

その意味では、すべての自然界の恵み、そこから生み出される科学は、人間が創造したのではなく、神が創造したという事実に気づかされるはずだ。

どう呼ぶのかは勝手だが、人類が「1」と表記する遥か前から1という概念は宇宙に存在し、人類が「2」と表記する遥か前から2という概念は宇宙に存在したのだ。

同様に、人類が「1＋1＝2」を発見する遥か前から1＋1＝2という原理は宇宙に存在し、人類が「1－1＝0」を発見する遥か前から1－1＝0という原理は宇宙に存在したのだ。

あなたは「原理原則」という言葉を聞いたことがあると思うが、「原理」とはすでに自然界に備わっていた摂理《せつり》であり、「原則」とは原理から人間が気づかされた法則である。

そう考えると、原則は例外なく自然の摂理から生まれたものであり、数字という原則を活かせる人は、自然の摂理に則《のっと》った生き方ができるというわけである。

**数字に限らず、自然の摂理に則った生き方ができる人は、必ず幸せになれる。不幸になるのは、自然の摂理から逸脱《いつだつ》した生き方をしたためである。**

もしあなたが数字好きなら、それは自然の摂理に則っており、幸福になれる証拠だ。もしあなたが数字嫌いなら、それもまた幸福になれる証拠である。

なぜなら、あなたはこうして本書を読んで、すでに数字の虜《とりこ》になりかけているからだ。

別に難解な高等数学を理解する必要はない。

ただ自然界に備わっている数字に感謝し、そして数字に愛着を持てばそれでいい。

数字は敵ではなく、我々人類にとって水や空気同様に欠かせない存在なのだ。

# 数字を活かした生き方ができる人は必ず幸せになれる

[02]

# すべての数字には意味がある。

数字に意味があると聞くと、あなたは「そんなバカな……」と笑うかもしれない。

1は単に1であるに過ぎないし、2も単に2であるに過ぎないと。

たとえば、饅頭《まんじゅう》が1個あればそれが1だし、饅頭が2個あればそれが2である。

饅頭が1個あるのと2個あるのとでは、まるで意味が違うのではないだろうか。

ある人にとっては、1個より2個のほうが空腹が満たされて元気になるかもしれない。

別のある人にとっては、2個あれば大切な人と分かち合えると心から幸せを感じるかもしれない。

はたまた別のある人にとっては、嫌いな饅頭を2個もらっても内心迷惑だと感じるかもしれない。

このように、すべての数字には意味が込められており、そこには命が吹き込まれているのだ。

他にも、1は男性器を象徴しているという説がある。

それを知ると、確かに1には艱難突破《かんなんとっぱ》のエネルギーが詰まっているように思えてくる。

そして、2は女性器を象徴しているという説もある。

それを知ると、確かに2からは愛のエネルギーが溢《あふ》れているように思えてくる。

また、3は直線がなく曲線だけで構成されており、丸い卵が割れた状態、つまり赤ちゃんを象徴しているという説もある。

それを知ると、1＋2＝3の意味が一発で理解できるのではないだろうか。

これ以外に、4は安定、5は変化、6は分かち合い、7は自立、8は豊かさ、9は完結、そして0は宇宙を意味するという説もある。

これらを知ると、どの数字も実に味わい深く、すべての数字にはそれぞれ意味があり、生命が宿っていると思えてこないだろうか。

車のナンバーや宝くじ、結婚式の日取りでも数字を気にしたり験《げん》を担《かつ》いだりする人はとても多い。

それ以前から、我々は、物心がつく頃には好きな数字と嫌いな数字がハッキリしてくるものだ。

誰に教わるわけでもなく、数字にはすべて意味があることを我々人類はアプリオリに知っているのかもしれない。

そう考えたほうが、自然界に畏怖《いふ》の念を抱くことができ、人生は味わい深くなる。

どの数字にも意味があり
生命が宿っている

# [ 0 3 ]

## 「0」は魔法の数字だ。

少し考えてみると、0は不思議な数字ではないだろうか。

どんなに大きな数でも ×0をすれば、たちまち0になってしまう。

100×0=0だし、1億 ×0=0である。

**情け容赦《ようしゃ》なく、すべてを無にする圧倒的な力を秘めている。**

**そして同時に、0は1のあとに位置することで、桁を上げる力も秘めている。**

9の次の10、99の次の100は、それぞれ次の桁に上がる際には0に支えられなければ存在できないのだ。

このように、相矛盾《あいむじゅん》する概念を併せ持つ魔法の数字が0である。

だが人類は、この0という数字に最初から気づいていたわけではなかったようだ。

紀元前のエジプト文明でも古代ローマでも0は存在せず、西暦になってからようやくインドで0が発明されたのだ。

インド人が「何もない状態を0としよう」とルール化したのだ。

0の出現により、数学は飛躍的な進化を遂げた。

まず、「位」という概念が生まれて桁を上げることに成功した。

次に、±という「正の数」「負の数」の概念が生まれて、0がその中心に座った。

これらだけでも、数字の世界を一瞬で広げてくれたことになる。

さらに0という数字は特別扱いされる数字でもあり、他の数字と違った特例がある。

たとえば「0で割ってはいけない」というルールがあり、このルールを破ったために機械が故障してトラブルになった事例は枚挙《まいきょ》に暇《いとま》がない。

真偽《しんぎ》は定かではないが、１９９７年9月にバージニア州を航行中のイージス艦が2時間半も航行不能に陥った原因は、乗組員が0を入力したため、ゼロ除算《じょさん》エラーが発生し、ネットワーク上のすべてのマシンのダウンを引き起こしたことだと言われている。

あるいは、どんな数字を0乗しても「1」になるというルールもあり、1の0乗も1、１００の0乗も1、1億の0乗も1である。

なぜ、どんな数字を0乗しても1になるのかを、シンプルな「2の例」で考えてみよう。

$2^1=2$、$2^2=2\times2=4$、$2^3=2\times2\times2=8$だが、実は右辺の頭に「$1\times$」が潜《ひそ》んでいるのだ。

つまり$2^1=\mathbf{1}\times2=2$、$2^2=\mathbf{1}\times2\times2=4$、$2^3=\mathbf{1}\times2\times2\times2=8$であり、

$2^n$とは1に2をn回乗ずるということだから$2^0=1$となるわけである。

では$0^0$はどうなるのかを、今度はあなたが自分の頭で演繹的《えんえきてき》に考えてみよう。

## 「0」には、大きなパワーが秘められている

## [04]

「5」は可能性を秘めている。

通信簿で5をもらうと嬉しかったという人もいるだろう。5という数字は比較的人気があるようだ。

通信簿の5とはやや解釈は異なるが、私自身も5は好きで、経営コンサルタント時代も積極的に5を選ぶようにしていた。

なぜ経営コンサルタントは5が好きかと言えば、可能性を秘めているからである。

その会社の年商の上一桁が5(年商5億円、50億円、500億円……)であれば、これから伸びる可能性が極めて高いのだ。

概《がい》して年商50億円の会社は活気に満ちており、100億円に向けて全社一丸となって日々挑戦し続けていることが多い。

現時点では100億円にはまだ遠いが、決して不可能ではないと誰もが思っているからである。

これが40億円になると100億円には程遠く、10億円はとうの昔に過ぎ去った未熟な段階と、優越感に浸《ひた》れるから安穏《あんのん》としてしまう傾向にある。

実際に、年商40億円程度をピークに、その後は坂道を転げ落ち、そのまま倒産してしまう会社は数多い。

30億円や20億円もそれに準じ、10億円になると逆に「うちは年商数億円の中小企業とは違うぞ」とふんぞり返っていることもあったくらいだ。

反対に60億円や70億円は変に出来上がってしまって、長年「これでいい」「分相応《ぶんそうおう》」と悟りの境地《きょうち》に達している会社が多く、経営コンサルタントから見て魅力がなかった。

80億円や90億円になると、100億円も十分視野に入ってくるから、「目的を達成するためには手段を選ばない」的な空気が蔓延《まんえん》していることも多かった。

そして実際に手段を選ばずに目的を達成した途端《とたん》、衰退《すいたい》の一途《いっと》を辿るのを目の当たりにしたものだ。

繰り返すが、桁を変えても以上のことは当てはまるし、会社ではなく市場でも同じだ。

**5億円だろうが5兆円だろうが、5が可能性を秘めていることに変わりはないし、そこから離れれば離れるほどに、可能性が萎《しぼ》んでいく傾向にあるのが自然の摂理なのだ。**

数十年前に、某業界で市場を席巻《せっけん》した創業社長が年商1兆円に到達した際、「次は年商2兆円」と豪語《ごうご》したのを境に、たちまち衰退して倒産してしまったのが好例である。

どんな些細《ささい》な世界でも、5を見つけ、それに積極的に関わると成功しやすいのだ。

# 「5」に注目し、そこに積極的に関わろう

## [05]

# 数字も恋をする。

数字には相性《あいしょう》がある。人にも相性があるのとまさに同じだ。

**合うものは合うし、合わないものは合わない。**

こんなことは少しばかり人生を生きれば、誰もが気づかされる事実である。

私は何も占いの世界の話をしているのではない。

数字そのものに相性が存在するのであり、それはもはや運命というよりも宿命《しゅくめい》としか言いようがない。

赤い糸で結ばれていた数字のペアというのが、この世には確実に存在するのだ。

すでに述べたように、人は「数字も恋をする」という原則をdiscoverしただけであり、原理としては自然界に予《あらかじ》め備わっていたのだ。

その代表にamicable numbers（友愛数《ゆうあいすう》、親和数《しんわすう》、双子数《ふたごすう》）と名付けられているものがある。

これは、異なる二つの自然数のペアで、その数字自身を除いた約数《やくすう》の総和が、互いに相手と同じになる数字のことである。

一番小さなamicable numbersは220と284のペアであり、具体的には次のようになる。

220自身を除いた約数の総和：1＋2＋4＋5＋10＋11＋20＋22＋44＋55＋110＝284
284自身を除いた約数の総和：1＋2＋4＋71＋142＝220
両者は相思相愛《そうしそうあい》であり、見事に赤い糸で結ばれていることに気づかされるはずだ。

その後、世界中の天才数学者によって数々の220と284以外のペアが発見されたが、amicable numbers に関する未解決問題は複数残っている。

だが、そんなことはどうでもいいのだ。

ここであなたに感じて欲しいのは、数字も恋をするという事実である。

この世に無数に存在する数字の中で、220と284、1184と1210、2620と2924、5020と5564、6232と6368……のように、最初から愛し合っているペアが確実に存在するという事実にただ触れてもらいたいのだ。

少々乱暴な言い方をすると、自然数だとか約数の意味なんてわからなくてもいいから、最後はあなたの直感を大切にしてもらいたい。

直感とは「よくわからないけれど何か好きだ」「どこか違和感がある」というような、あなたの心の内奥《ないおう》から込み上げてくる、ありのままの想いのことである。

あなたと赤い糸で結ばれた人がいるように、赤い糸で結ばれた数字もあるのだ。

# 自分の直感をもって、数字と向き合ってみよう

# [06]

〝完全〟とは
奇跡的存在である。

この世の中には perfect number と呼ばれる数字がある。

文字通り「**完全数**」と日本語訳されている。

では、一体何が完全なのかと言えば、その数字自身を除いた約数の総和がその数字自身と完全に等しいことである。

最小の完全数は６である。

なぜなら、６の６を除く約数は１、２、３であり、１＋２＋３＝６となるからである。

旧約聖書『創世記《そうせいき》』には「神は６日間で世界を創造した」とあるが、まさに６という数字は完全数と呼ぶにふさわしいではないか。

６の次の完全数は28である。

28の28を除く約数は１、２、４、７、14であり、１＋２＋４＋７＋14＝28となる。

月の公転周期《こうてんしゅうき》も28日であり、これまた完全数と呼ぶにふさわしいではないか。

１００以下の自然数の中に、完全数はたったの二つしか存在しないということになる。

ちなみに、28に続く完全数は４９６であり、紀元前から現在まで考察《こうさつ》され続けてきたが、これまでに完全数は50個ほどしか見つかっていない。

この完全数にも、未解決問題は複数残されている。

何とロマンチックな話だろうか。

「この世の中に完全なものなど存在しない」

そういう正論を吐く人間はとても多いが、完全なものは確かにこの世に存在するのだ。

ただし、完全なものは極めて稀《まれ》であり、そして見つけることが難しい。

完璧さを備えた貴金属が極めて稀であり、そして見つけるのに人は困難を極めるのとまさに同じだ。

人間に至っては、確かに完全なものはこの世に存在しないだろう。

だからと言って、いい加減に生きてもいいということにはならない。

少なくとも人間以外の自然界には完全なものが存在しており、我々はそれらから学ぶことは多いはずだからである。

**完全とは奇跡的な存在であり、だからこそ価値がある。**

完全数をはじめとする自然界に畏《おそ》れを持ちながらも、それらに少しでも近づきたい。

# 自然界には、完全なものが存在することを知ろう

# [ 0 7 ]

## 数字に責任はない。

1945年に広島と長崎に原爆《げんばく》が投下された直後、科学を批判する論者《ろんじゃ》が増えた。中には科学者たちを吊《つ》るし上げて、「科学者の責任だ!」と叫ぶ人も登場した。

これについては、確かに科学がここまで絶大な力を誇るようになれば、科学者たちも「科学の負の影響」を考える必要があると言えよう。

だが、その科学に便利さや快適さを求め続けたのは科学者ではない一般の人々であり、科学の負の影響については人類すべての課題であり、責任だとも言える。

つまり、科学を利用する人間側に責任があるのであり、悪いのは科学そのものではないということである。

これを「科学の中立性」と言う。

以上のことを、あなたの日常に落とし込めばどうなるだろうか。

仮に化学反応式や物理学の公式を日常で使う人は少なくても、日常で数字を使わない人はほとんどいないはずだ。

家庭で家計簿《かけいぼ》をつけるにも、仕事で営業成績を分析するにも数字は欠かせない。

ただし、科学そのものに責任があるわけではないのと同様に、数字そのものには責任はない。

これを「科学の中立性」ならぬ「数字の中立性」と呼ぶことにしよう。

家計が苦しいのは家計簿に記載された数字の責任ではなく、人間の責任である。

営業成績が苦しいのは分析結果の数字の責任ではなく、人間の責任である。

**数字は人間と違って嘘をつかずに、いつも正直にそこに存在している。**

嘘をついて不誠実なのは数字ではなく、ひたすら人間なのだ。

昔、ある社長が理路整然《りろせいぜん》と言い訳を並び立てる幹部社員に、会議で静かにこう呟《つぶや》いた。

「結果は事実である」

私は鳥肌《とりはだ》が立つほどに感動したことを、今でも鮮明に憶《おぼ》えている。

事実をありのまま数字で表した資料は、人間と違って嘘をつかない。

数字で出た結果は事実であり、そこに言い訳は必要ないのだ。

結果を出した人間は、あらゆる言い訳を乗り越えて結果を出したのだ。

結果を出せなかった人間は、あらゆる言い訳を乗り越えてまでは結果を出さなかったただけの話だ。

いかなる理由があろうとも、責任は数字にではなく人間にあるのだ。

# 数字は、事実そのままを表している

# [08]

数学は人生を抽象化《ちゅうしょうか》したものである。

読者の中には、ひょっとしたら数学アレルギーの人がいるかもしれない。数字を見たたけでクラクラして、数式や図表を見ると逃げ出したくなるというものだ。

私がこれまでに関わってきた教育の専門家たちの話を帰納《きのう》すると、大学入試センター試験の数学で、8割以上得点できる学力に人生で一度でも到達したことのある国民は、多く見積《みつ》もって5%もいないということになる。

綺麗事《きれいごと》を抜きにすると、95%の人は数学が苦手か、少なくとも得意とは言えないのだ。

もちろん、ここで私は数学アレルギーの人を、より数学嫌いにしたいのではない。何としてでも、数学アレルギーを克服《こくふく》してもらいたいのだ。

**なぜなら、数学は人生でかなり役に立つ学問だからである。**

私が家庭教師で数学を教える際に生徒に繰り返し伝えてきたことは、「数学は人生を抽象化したものである」という事実だ。

たとえば、数学では様々な問題が登場するが、原則4つの方法で突破できることが多い。

## ①逆に考える

数学では壁にぶつかったら常識の裏を衝《つ》くことで突破口を開けることは数多いが、まさに人生もこれと同じだ。

**②共通点をまとめる**

数学では複雑で頭が混乱してきたら、類似点《るいじてん》をグループ化すると意外にあっさりと解けてしまうことは多いが、まさに人生もこれと同じだ。

**③補助線を引く**

数学では解法の糸口さえ掴《つか》めない超難問に遭遇《そうぐう》したら、とりあえず補助線を引いてみることで拍子抜《ひょうしぬ》けするほど易しい問題に一変することが多く、まさに人生もこれと同じだ。

以上の①〜③を駆使《くし》しても解けない場合は、次の伝家の宝刀がある。

**④解なし**

数学ではどうあがいても解けない問題というのが存在し、それはそもそも解がない問題を解いていることが多く、まさに人生もこれと同じだ。

以上見てきたように、数学は人生を抽象化したものであり、人生で大いに役立つのだ。

最後に、あなたにはインターネットで不連続関数のグラフを眺めてもらいたい。

まさに、あれこそが私たちの人生の縮図であり、だからこそ人生は楽しいのだ。

## 数学の問題を解く際の4つの原則を人生でも応用しよう

## [09]

# 自然界はシンプルだけど深い。

この自然界の本質は、もともと混沌であり、すべて論理的にできているわけではない。論理的に見えるのは、単に人間がそう見ようとしているからである。

**自然界は、人類の前では無邪気《むじゃき》、かつ一時的に論理的に演じてくれているのであって、すべてを論理で片付けるのは不可能なのだ。**

すべてを論理で片付けられると早合点《はやがてん》するのは傲慢《ごうまん》であり、必ず自然から復讐《ふくしゅう》されることになる。

それでも自然に挑み続けて、何度も打ちのめされるのが、我々人類の使命なのだ。

一進一退を繰り返しながらも、少しずつ進化し続けるのは自然の摂理に則っている。自然破壊を批判する声はとても多く、それはそれで頷《うなず》けるのだが、人間もまた自然の一部であることから、自然が自然の中で役割を果たしているに過ぎないと解釈できる。

つまり、自然の摂理は人間が自然を破壊することは当然想定しており、いかなる破壊を繰り返そうと、粛々《しゅくしゅく》とシンプルに生成発展を繰り返すのみである。

自然界はシンプルだが、人類の想像を絶するほどに深いのだ。

アルベルト・アインシュタインによるE＝$mc^2$が、どうしてここまで世界中に知れ渡り、世の中を大きく変えたのかと言えば、シンプルだが深いという自然の摂理に則っていたからである。

もし$E=mc^2$が超複雑で長い公式であったなら、少なくともここまで一般には知られることがなかったに違いない。

$E=mc^2$に勝るとも劣らないシンプルさと深さでは、オイラーの等式と呼ばれるものがある。

映画『博士の愛した数式』にも登場するのだが、$e^{i\pi}=-1$がオイラーの等式だ。

eとはネイピア数と呼ばれe＝2・71828……と底なし沼のように続く定数であり、iは2乗すると-1となる虚数《きょすう》であり、πはあなたもご存知《ぞんじ》のように円周率で3・14159……とこれまた底なし沼のように続く数字の連続だ。

これらを乗じて累乗《るいじょう》すると、-1になるとは極めてシンプルかつ深いではないか。

ただし数学は極限まで美を求める学問でもあり、-1の「-」に不快感を抱く人もいる。

ある数学者が、人類は円周率の設定を間違えたと嘆いて、円周率は円周と直径ではなく円周と半径の比でπ＝6・28であるべきだったと主張した。

「π＝6・28であれば$e^{i\pi}=1$となってより美しかったのに……」と。

# 自然の摂理に則った数字はシンプルで美しい

# [10]

真実は心の中にしか
存在しない。

私がサラリーマンだったとき、べらぼうにＩＱが高いと評判の社員がいた。彼は理系の大学院で研究者を目指していたのだが、進路変更して経営コンサルタントとして活躍することになった。

そんな彼が、虚数について次のように説明していたのを私は今でも憶えている。

「虚数とはオンナゴコロである。好きだけど嫌いという、あの何とももどかしい言葉にできない感じがｉ」

これを聞いた私は、本当に数字と向き合ってきた人間は、数字を無機物としてではなく有機物として扱い、数字に最大の敬意を払いながらも、まるで親友のように接するという生き様を教わった気がした。

虚数とは、英語でimaginary number、つまり〝架空《かくう》の数字〟ということになる。

虚数の概念は、一人のイタリア人が「こんなのがあったら便利でいいのに……」という気持ちで本に登場させたのが始まりだ。

16世紀の後半に、イタリアの数学者ラファエル・ボンベリによって定義されたものの、当時は虚数を何の役にも立たない架空のものとして、軽く扱かった。かのデカルトでさえ、虚数を否定的に捉えていたのだ。

ところが既出《きしゅつ》のオイラーの等式にも登場するように、虚数の存在は欠かせないものと知れ渡るようになり、電気工学や電磁気学、量子力学、地理学などで不可欠な存在となって重宝《ちょうほう》されている。

何も虚数に限った話ではないが、学問というのは何がどこでどのように役立つのかが最初はわかりにくいものだ。

最初は「こんなのがあったらいいのに……」「どうしてこれがないのだろう……」というあなたの心の中から、いつもスタートするのだ。

英語で虚数をimaginary numberと表記することはすでに述べた通りだが、虚数とは、まさに我々の心の中に存在するのだ。

虚数は、我々の心の中にしか存在しないのだ。

実数ではないけれども無でもないという、まさにオンナゴコロのように複雑な存在が虚数であり、形象化《けいしょうか》したものがiなのだ。

形象化とは、本来形のないものに形を与える行為であり、芸術論で多用する用語だ。

**我々の心の中にある曖昧模糊《あいまいもこ》とした真実を形象化することが、人生の醍醐味《だいごみ》なのだ。**

# 数字は、本来、形のないものに形を与えてくれるものである

[第2章]

# 論理的思考は数字から

# [11]

数字は上二桁だけ記憶する。

受験勉強では、正確に数字やスペルを記憶する必要があったが、**社会人になってからは、概要《がいよう》や本質をざっと把握《はあく》する能力が求められる。**

1時間かけて正確に数字を記憶するよりも、1分で概数を把握する人間のほうが高く評価される。

良い悪いは別として、世の中とはそういうものなのだ。

では、どうすれば1分で概数を把握することができるのか。

それはどんな桁数の多い数字でも、上二桁だけ記憶する癖をつけることだ。

これからの人生では、上二桁以外は記憶しないと、勇気を持って決断することだ。

たとえば、世界の人口トップ10の資料を把握しなければならないとしよう。

その場合は、細かい数字には断じて目もくれないことだ。

中国とインド13、アメリカ3・2、インドネシア2・5、ブラジル2、パキスタンとナイジェリア1・8、バングラデシュ1・6、ロシア1・4、メキシコ1・2で十分だ。

もちろん、単位はすべて「億人」である。

絶対に押さえるべきなのは3位までであり、余裕があれば5位辺りまで、暇だったら10位まで記憶すればいいという気持ちで臨めば楽勝だろう。

あとは「ん？　日本はどうなっているの？」と疑問を持って、11位であると確認できればパーフェクトである。

**これが大人の勉強なのだ。**

あるいは、世界の国土面積トップ10の資料を把握しなければならないとしよう。

これも同じ要領で、楽しみながら解決すればいい。

ロシア1700、カナダ990、アメリカ980、中国960、ブラジル850、オーストラリア760、インド320、アルゼンチンとカザフスタン270、アルジェリア230で十分だ。

もちろん、単位はすべて「万㎢」である。

まずは3位まで、余裕があれば5位まで、暇なら10位まで押さえておけばいい。

あとは日本の国土面積が約38万㎢であることを踏まえ、数字を比較できれば万全だ。

ついでに、日本の国土面積は世界197ヶ国のうち第61位という事実を知るのだ。

記憶を最小限にすると、論理的に考える時間とエネルギーを捻出《ねんしゅつ》できるというわけだ。

# 数字を上手に活用して大人の勉強をしよう

# [12]

論理的だから
数字で考えるのではなく、
数字で考えるから
論理的になる。

## ［2］論理的思考は数字から

誰もが論理的思考能力を習得《しゅうとく》したいと憧《あこが》れるものだ。

論理的思考能力を習得するためには、数字で考える習慣にすることだ。

論理的だから数字で考えるのではなく、数字で考えるから論理的になるのだ。

たとえば、論理的でない人は営業成績が達成できそうにない場合に、「やるだけやってみます！」「気合いで乗り切ります！」と叫ぶことが多い。

現実社会では、やるだけやっても気合いを入れても、ダメなものはダメなことが多い。

百歩譲《ゆず》って、20代のうちはまだ許されたとしても、30代になると「無能な努力家」のレッテルを貼られてしまう。

無能な努力家になると、周囲から蔑《さげす》まれて次第に性格も歪《ゆが》んでくるから、最終的には「プライドの高い落ちこぼれ」として、手の施《ほどこ》しようのない人材に落ちぶれてしまう。

私は経営コンサルタント時代に、そうした事例を数え切れないほど目の当たりにしてきた。

何としてでも、顧問先の従業員たちの論理的思考能力を高めようと思い、私は徹底的に彼らに数字で考えることを習慣化させた。

彼らが「やるだけやってみます！」と口にしたら、何をいつまでにどれだけやるのかを、すべて数字で表現させた。

彼らが「気合いで乗り切ります！」と口にしたら、気合いを数字で表現させて、そこには必ず締め切りを明記させた。

**仕事とは、締め切りまでにやると決めたことをやり切ることだからである。**

結局のところ、営業成績が悪いのは、締め切りまでにやるべきことをやっていないからなのだ。

あらゆる仕事を締め切りまでに間に合わせていれば、必ず目標数字も達成できる。なぜなら、日々の締め切りを死守し続けることの結果として、営業成績が存在するからである。

長期的に年間売上が達成できないのは、月間売上が達成できないからである。

長期的に月間売上が達成できないのは、週間売上が達成できないからである。

長期的に週間売上が達成できないのは、日々の売上が達成できないからである。

長期的に日々の売上が達成できないのは、細かい遅刻を繰り返しているからである。

すべてを数字で考えるようになると、必ず論理的思考能力が習得できるのだ。

# 気合い、やる気などは
# 数字で表現しよう

# [13]

長期的に勝ちたければ、
確率で考える。

## 真の勝者とは、長期的に勝つ人である。

一発屋さんだとか奇跡の大逆転を果たす人は、確かに一時的に目立つかもしれないが、私の知る限り誰一人として長期的な勝者にはなっていない。

もちろん私は、なぜそのような結果になるのかを追跡《ついせき》調査し続けた。その結果明らかになったのは、一発屋さんだとか奇跡の大逆転を果たして消えゆく人々は、その勝因が運であったという事実だ。

運というのはいずれ必ず尽きるから、運がなくなった瞬間に化けの皮が剥がれる。化けの皮が剥がれると、もう元には戻れない。

運による過大評価された実力と実際の実力とのギャップに、世間は興《きょう》ざめしてしまうのである。

それに対して、長期的な勝者たちの勝因は、より確率が高いほうを選択してきたというところにあった。

ギャンブルを嗜《たしな》む際にも、運だけに任せるようなことは断じてしないで、たとえ1%でも確率の高いほうに賭けていた。

これは、私自身の人生を振り返っても同じことが言える。

私は大学時代からこうして本を書いて生きていくと決めていたが、できれば長期的にサバイバルしたかった。

そのためには運に頼ってはダメで、確率で考える必要があった。正確には、確率だけではダメ（運や実力も不可欠）だが、確率で考える習慣がなければ長期的に勝つことはまず不可能なのだ。

本には様々なジャンルがあるので、私は自分の能力と相談して、どのジャンルであれば楽勝できるかを確率的に考えた。

他の誰かではなく、あくまでも私自身にとって、競技参加者の偏差値《へんさち》が低そうな土俵で勝負しようと決めた。

デビュー作から最長で何年以内にベストセラーを出して、業界に狼煙《のろし》を上げればいいのか、そしてそのためにはいつまでに何を成し遂げればいいのかを、逆算《ぎゃくさん》して数字で考えた。

時代の流れを読み、年間何冊ずつ出せば長期的にサバイバルしやすいか、そのためには毎月何冊のペースを保てばいいのかを考え、さらにそれを細分化させて実現させた。

初版部数も、今の時代はどのくらいが一番継続しやすいかをすべて確率で考えている。

確率で考えたおかげで、私は何とか今日まで生きてこられたと感謝している。

## 1%でも勝つ確率が高いほうで勝負しよう

# [14]

外出するたびに
コンビニの数を
チェックしておく。

外を歩けばコンビニを目にしないのが難しいくらいに、コンビニで溢れ返っている。

それだけコンビニの数が多く、栄枯盛衰《えいこせいすい》も激しいということだ。

次々に新しいコンビニが生まれて、次々にコンビニが廃業《はいぎょう》している。

だからこそあなたには、外に出かけたらコンビニの数をチェックするのを習慣にしてもらいたい。

コンビニの数が増えたら、その理由を自分の頭で考えてみることだ。

コンビニの数が減ったら、その理由を自分の頭で考えてみることだ。

**何かの数をまめにチェックしておくと、自分だけではなくて他人の知恵も拝借《はいしゃく》できるようになる。**

なぜなら「今年に入ってから近所のコンビニが二つも増えましたね」「この2年間でコンビニの数が半分になりましたよね」とあなたが話題をふれば、周囲は好き勝手に意見を言ってくれるようになるからだ。

もちろん、すべての意見を鵜呑《うの》みにするわけにはいかない。

だが、少なくともあなた一人では考えつかないような知識や知恵を授かることができるだろう。

私が経営コンサルタントだった時代、国内の某業界では年間1000社ずつ会社が増えていた。

コンビニより数が多く、一見すると市場が急成長しているようで、かなり儲かっているように思えるだろう。

現実の1000社のカラクリはこうだった。

毎年4000社が増えると同時に3000社が廃業していたため、その差の1000社が増えているように見えたということだ。

実際に私はその業界で仕事をしてきたが、そこでは極めて競争の激しい市場争奪戦《そうだつせん》が繰り広げられていて、殺伐《さつばつ》とした雰囲気が漂《ただよ》っていた。

あるいは、私は近所に行きつけの書店が3店舗あったが、この数年で、すべて廃業（もしくは撤退《てったい》）してしまった。

ネット書店に市場が奪われているという事実が1次情報でわかるし、業界そのものが衰退の一途を辿っている様子もありありとわかる。

何かを意識して数え続けていると、必ずそこには新しい発見がある。

時にはそれを他人と共有してみることで、これまで見えなかったものが見えてくる。

# 日々、数字を意識することで新しい発見を得られる

# [15]

コンビニでは
アイテム数を
チェックしておく。

コンビニは、流行チェックにはもってこいの場である。

あなたが好きなコーナーを定点観測《ていてんかんそく》するだけでも、世の中の動きがかなりわかるはずだ。

たとえば、あなたが大のスイーツ好きだとしよう。

コンビニのスイーツコーナーはたいていかなり充実しているから、見ているだけでも楽しいだろう。

**アイテム数をチェックすると、あなたのマーケティングセンスは格段《かくだん》に向上する。**

さらに何度も見ているうちに、次第にこんな事実にも気づかされるはずだ。

売れる商品と消える商品の差が、途轍《とてつ》もなく激しいと。

商品には大まかに「売れ筋商品」と「死に筋商品」があり、前者はよく売れる商品で後者は売れ残って不良在庫になる商品のことだ。

スイーツも前者と後者に明確に分かれ、前者よりも後者のほうが圧倒的に数は多い。

つまり、大半の商品が消えゆく運命にあるというわけだ。

ついでに言っておくと「見せ筋商品」というものもある。要は〝客寄せパンダ商品〟のことだ。

最初から売れることを目的としないで、見てもらうことでお客様に喜んでもらって、ついでに他の商品を買ってもらえばいいという考えのものである。

スイーツの場合だと超ビッグサイズだったり、桁違いに値段が高いものだったりするのが見せ筋商品である。

以上の知識を踏まえた上でアイテム数を定点観測していれば、これまで見えなかったものが見えてくるはずだ。

もちろんスイーツ以外でも、ドリンクやスナック菓子、弁当、おつまみ……など、あなたが心から興味をそそられる分野を対象にすればいい。

私の場合は本が好きだから、コンビニの本コーナーを定点観測することが多い。

コンビニ専用の書籍もあるし、漫画だけではなく人生を考えさせる本も売れている。

コンビニで人生を考えさせる本が売れるということは、学校や仕事で疲れた人たちが帰りに買い、その晩それを読んで元気になりたいのだろうという仮説を立てられる。

そして、あらゆる分野で長期間売れ続ける昔ながらのロングセラー商品がある。

ベストセラーだけではなく、ロングセラーからも学ぶことはとても多い。

# 定点観測をして、世の中の動きを把握しよう

# [16]

今の気持ちを
数字で表現してみる。

私が経営コンサルティング会社に勤務していた頃は、何でも数字で表現する人たちに囲まれていた。

顧問先を数字で説得するのが仕事だから、それもやむを得ないのかもしれない。プライベートでそれをやらかすと、たいていドン引きされるか嫌われることになるが、私はそれなりに楽しめたし、そのおかげで今日まで生きてこられたと感謝している。

私の周囲でよく登場したのは、1％、30％、70％、99％である。

1％というのは、本音としては0と言いたいのだけれど、背水《はいすい》の陣《じん》で起死回生《きしかいせい》を図らせるしかない場合に使われた。

「1％の確率に賭けるしかないな」のように。

30％というのは、本音としては「多分無理」と言いたいのだけれど、「そこまでしてやりたいなら、やれば？」という意思確認としてよく使われた。

「成功率は30％だけど、やるだけやってみろ」のように。

70％というのは、本音としては「多分大丈夫」と言いたいのだけれど、「少し課題があるからそれをクリアしておくように」という意味でよく使われた。

「成功率は70％だけど、根回《ねまわ》しと報・連・相だけは徹底させるべき」のように。

99％というのは、本音としては「絶対大丈夫」と言いたいのだけれど、絶対や必ずはこの世にあり得ないという戒《いまし》めとしてよく使われた。

「成功率99％だけど油断だけはするなよ」のように。

以上はどれも初歩的なものばかりで、ひょっとしたらあなたも日常でよく使っているかもしれないが、もしそうならぜひこれからも積極的に使ってもらいたい。

**1％、30％、70％、99％を叩《たた》き台《だい》として、もっと細かい数字であなたの今の気持ちを表現してみよう。**

たとえば、もしあなたが「今回のプロジェクトは成功率73％だ」と言えば、周囲は必ずその根拠を聞いてくるだろう。

73％という細かい数字に、誰もが興味を持つからである。

そこであなたが73％の根拠をわかりやすく説明できたとすれば、周囲はあなたに一《いち》目置《もくお》くというわけだ。

ちなみに、私の経営コンサルタント時代の同僚には、売場面積や品揃えに加えて店員の表情から経常利益《けいじょうりえき》を誤差5％以内で言い当てる人材がいた。

# 気持ちを数字で表現することでより伝わりやすくなる

## [17]

あえて
何でも点数をつけてみる。

点数をつけることは、悪いことだと思っている人がいる。

もちろん、頼まれてもいないのに勝手に点数をつけて相手を傷つけるのは良くないが、**プロとして実力をつけたいのであれば、逃げずに点数をつけるべきである。人は嘘をつくが、数字は嘘をつかないからだ。**

受験でも模擬試験を受けることによって、否《いや》が応《おう》でも、自分の実力が数字として露《ろ》呈《てい》する。

周囲が「○○ちゃんなら大丈夫よ」と慰《なぐさ》めてくれても、数字で「合格率30％未満」と判定されたら、それは数字が正しい。

オブラートに包まずにストレートに表現すると、「合格率30％未満」ということは「身の程を弁《わきま》えろ」という意味である。

何かを成し遂げたければ、必ず現実という足元から出発しなければならないのだ。

現実を直視する上で、数字は最高の手段となる。

受験に限らず、仕事の成績も、本気で成長したければ、どんどん数値化すべきである。

「数字では表せないものがある」

「熱意も評価すべきである」

そんな声が聞こえてきそうだが、そんな人たちに私はこう答えたい。

**数字で表せないものは数字で表す必要はないが、数字で表せるものは極力数字で表すべきである、と。**

そのほうが現実をビジュアル化できる上に、今後の課題も具体化しやすいからだ。すべてを数字で表せるなどという考えは、私には毛頭《もうとう》ない。

熱意の評価に関しては、主観が入りやすいから要注意だ。

明るく元気な人間を評価する人は多いが、世の中には静かに燃えている人間もいる。これまで私は経営コンサルタントとして様々な組織を見てきたが、概して前者よりも後者のほうが、本物の熱意の持ち主であることが多かったように思う。

前者の熱意は短期的なのに対して、後者の熱意は長期的で持続力に長《た》けていたものだ。

情に流されると真実を見失うこともあるが、数字で評価をすると真実をより正確に把握することができる。

数字は冷徹《れいてつ》で厳しいが、数字を受容《じゅよう》して味方にすると、強烈な武器になる。

点数から逃げ回るより、点数と親友になったほうが夢に近づけるのは間違いない。

# 数字で表すことで物事は具体化する

# [18]

50%と51%では
雲泥《うんでい》の差。

私のサラリーマン時代の上司は「51」という数字を頻繁《ひんぱん》に使う人だった。

今から振り返っても、51という数字は本当に素晴らしいと思う。

確率が50％と51％では、相手に伝わる印象がまるで違う。

確率が50％の真意は「もし外れても許してね」というもので、腰が引けている姿勢が相手に伝わる。

「確率50％」を翻訳《ほんやく》すると「私にはわからない」という意味であり、最初から意見を持っていないのと同義だ。

率直に申し上げて、「こいつはいざとなったら逃げるヤツ」という烙印《らくいん》を押される。

本当にその通りなのだから仕方がない。

これに対して、「確率51％」を翻訳すると「わからないけれど私はこう思う」ということになり、そこに勇気と愛を感じる。

**1％には本人の思いが込められており、同時にリスクを背負っているからだ。**

それを聞いた相手は「こいつはできる」と評価して、一目置かれる存在になる。

勇者が一目置かれて尊敬されるのは、古今東西《ここんとうざい》変わらないのだ。

50％と51％では、たった1％の違いだが、雲泥の差なのだ。

1%の違いが決定的になる他の例に、ランチェスターの法則がある。

ランチェスターの法則には、26%という「下限目標値」が登場する。

下限目標値とは、トップとして最低限確保しておきたいシェアだ。

複数の競合がしのぎを削っている中で、26%のシェアを下回るとトップの地位は安定しない。

ランチェスターの法則には、26%の他に74%という「上限目標値」も登場する。

上限目標値とは、トップとして絶対的な地位を築ける独占状態のシェアだ。

言うまでもなく100%−26%(下限目標値)=74%(上限目標値)という関係になる。

ざっくり説明すると、26%:74%≒1:3である。1対3の喧嘩《けんか》の結果は明白であり、戦わずして勝つためには敵の3倍のシェアを占めておけばいいということだ。

換言すれば、敵に3倍のシェアを占めさせなければ独占状態を崩せるということだ。

つまり、25%に1%を加えた26%のシェアを目指すことで、敵を3倍の75%ではなく74%に抑え込んでおけるというのが、1%の重みなのだ。

その1%に、キラリと光る知性が宿るのだ。

# 1%の違いには、大いなる重みがある

# [19]

人口大国が成立する理由を考えてみる。

世界の人口大国を、1位から順に並べると次のようになる。

1位：中国、2位：インド、3位：アメリカ、4位：インドネシア、5位：ブラジル、6位：パキスタン、7位：ナイジェリア、8位：バングラデシュ、9位：ロシア、10位：メキシコ。

とりわけ、1位の中国と2位のインドは、3位のアメリカの3・2億人を大きく引き離し、各13億人以上の人口を擁《よう》していることを押さえておこう。

それを踏まえた上で、これらの国を眺めていると何か見えてこないだろうか。

圧倒的な食糧供給量を誇る国ばかりだということだ。

中国もインドもアメリカも、小麦、ジャガイモでトップレベルのシェアを誇っており、中国、インド、インドネシア、バングラデシュは、モンスーンアジアだから世界の米の大半を生産している。

極めて現実的な話だが、人口大国になる条件は、まずは食物ありきなのだ。

食物がなければ何も始まらないのだ。

次に見えてくるのは、就業機会の多さだろう。

人は食べるだけではなく、働かなければ生きていけない。

消費するだけではなく生産しなければ生活水準を維持できないし、他国からも相手にされず孤立してしまうからである。

これまた極めて現実的な話だが、人口大国になるもう一つの条件とは、就業機会が多いことなのだ。

世界一の経済大国であるアメリカの就業機会が多そうなのは誰でもわかりそうだが、それ以外の国はあまりピンとこない人もいるのではないか。

決して経済大国とは呼べない国でも、就業機会が多くなることは可能なのだ。

たとえば、中国、インド、ブラジル、パキスタンは綿花《めんか》の生産で高いシェアを誇り、これは綿織物工業が発達していることを意味する。

ご存知のように、綿織物工業は労働集約的工業だから、膨大な数の労働者を雇うことができるのだ。

綿花に限らず農業は概して労働集約的だから、人口大国は農業が盛んであることが多い。

換言すれば、生産性が悪いほど数に頼らなければならず、人口が増えやすいと言える。

**数字は、実に多くのことを私たちに訴えかけてくれるのだ。**

# 数字が表していることの背景を考えてみよう

# [20]

逆算を習慣化すると
目標を達成しやすくなる。

ここ最近は「計画なんて立てずに、好きなことをしていたら成功できた」と自慢する人が増えてきた。

「好きなことをしていれば自然に成功できる」と主張する成功者もいる。

それらの主張は本当なのだろうか。

答えは1%の人には当てはまるが、99%の人には当てはまらない。

前者は飛び抜けた運と才能を備えていた人で、後者はそこそこの運と才能しか備えていなかった人だ。

つまりあなたが99%の人なら、本気で目標を達成したければ、ある程度の計画を立てる必要があるということだ。

**計画を立てるということは、逆算するということに他ならない。**

私はこうして本の執筆をしている時にも無意識のうちに逆算をして、毎日どのくらい書けばいいのかを大まかに（やや少なめに）決めている。

だから予定通り（というより予定を大幅に前倒しして）1冊分の原稿が書き上がるというわけだ。

もう少し長期的な目標を達成する場合も、本質は同じだ。

長期的な目標を達成するためにも、逆算は抜群《ばつぐん》の効果を発揮する。

私の場合は、大学時代から将来は職業作家として生きていこうと決めていたから、ではどうすればそれが実現できるのかを考えた。

お金を払ってもらう文章を書くためには、それにふさわしいリアルなネタが必要だと思った。

そのためには、とりあえず10年間はサラリーマンを経験しようと考えた。

どの会社でも同じというわけではなく、極力出版に繋がりやすい仕事に就くべきだと考えた。

最初に就職したのが転職に潰《つぶ》しが利《き》きやすい大企業で、転職先は自著を出すのに最もハードルが低いと確信した経営コンサルティング会社である。

もちろんすべてが計画通りに進んだわけではないが、大まかには進んだ。

大まかにしか進まなかった理由は、私が大まかな計画しか立てなかったからである。

**人生では押さえるべき節目《ふしめ》を押さえれば、他はいくら外してもいいのだ。**

押さえるべき節目さえ確実に押さえておけば、外した部分はあなたの味になるのだ。

# 「逆算能力」は、人生において大いなる武器となる

# [第3章]

# 仕事の資料は数字がカギとなる

## [21]

渡された資料の
数字には
必ず相手の思惑《おもわく》が
潜んでいる。

数字の多い資料に嫌悪感《けんおかん》を抱く人は多い。

そんな人におススメなのは、資料を楽しめるように工夫を凝らすことである。

どのように資料を楽しむかと言えば、その資料の作成者の思惑を洞察《どうさつ》するのだ。

資料の数字には、必ずそれを作成した人間の思惑が入っており、悪い言葉で表現すれば、相手を合法的に騙《だま》そうとしているのだ。

私が保険会社に勤務していた頃には、無数のパンフレットが作成されており、そこには大きな数字と小さな数字が記載されていた。

大きく記載された数字は、お客様にとって都合の良い数字で、小さく記載された数字は、お客様にとって都合の悪い数字である。

大雑把《おおざっぱ》に言えば、「我が社はこんなに支払います！」という部分は目一杯大きな数字で記載され、「ただしこんな場合はお支払いできません！」という部分は虫メガネが要るくらいに小さな数字で記載されていたものだ。

当時の私は「これは見事な合法的詐欺《さぎ》だな」と唸《うな》ったが、私が保険業界を去ってから数年後には、保険金不払い問題で世間から激しいバッシングを受けていた。

また、現在の私が関わる出版業界には「公称部数」という怪しいものが存在し、実際に発行した部数の何倍にも膨《ふく》らませて、さも売れているかのように見せる習わしがある。

虚偽の数字を並べて消費者の購買意欲をそそるのだ。

それが新聞や雑誌の場合には、売れているように見せかけることで、広告代をつり上げる効果もあるようだ。

業界内にいると自分が嘘をついているという自覚が徐々に薄れてしまい、公称部数が自分の実力だと勘違いしてしまう。

出版業界は斜陽《しゃよう》業界だと言われてすでに久しいが、時代の流れ以外にも無意識の嘘が会社経営を苦しめる原因の一つになっていると私は感じている。

以上の合法的詐欺は、何も保険業界や出版業界だけの話ではない。

銀行業界、証券業界、不動産業界……など、ありとあらゆる業界でこうした合法的詐欺は行われているはずだから、逆にあなたはこれを楽しんでしまえばいい。

ここまで読んできたあなたはすでに気づいたと思うが、**あなたの目に飛び込んでくる数字には必ず何かしらの嘘が含まれており、見落としそうな数字こそが真実なのだ。**

そう考えると資料を見るのは俄然《がぜん》楽しくなるはずだ。

# 世の中の数字には、何らかの意図が含まれている

# [22]

口下手な人は
鋭い数値分析力で
勝負。

これまで私は1万人以上のビジネスパーソンたちと対話をしてきたが、どう贔屓目《ひいきめ》に見ても、口が上手い人よりも口下手な人のほうが信用できた。

実際に様々な業界でトップを獲得したセールスパーソンたちを観察していても、ほぼ全員が口下手だった。

今だから正直に告白するが、彼らの中にはわざと口下手を装っていたトップレベルのセールスパーソンもいたくらいだ。

もしあなたが口下手で悩んでいるのであれば、そんなに心配はしないことだ。

口下手であれば黙って実績を叩き出せばいいだけだし、とりわけ日本だと不言実行《ふげんじっこう》は称賛《しょうさん》を浴びやすい。

もし会議やプレゼンでどうしても口下手をカバーしなければならない場合は、数字で勝負すればいい。

あなたに鋭い数値分析力があれば、多少口下手でも「謙虚な人だ」とあなたは評価を上げるだろう。

たとえば**分析力を鋭くするためには、切り口を変えることだ。**

初歩的な切り口の変え方としては、売上ではなく粗利《あらり》で考えるという方法がある。

粗利ではなく営業利益、営業利益ではなく経常利益で考えるという方法もある
あるいは粗利率、営業利益率、経常利益率といった〝率〟で考える方法もある。
会社の序列を考える場合は、何を基準にするのかによって大きく異なってくるはずだ。

ここで大切なことは、あなた自身に常識的な序列をいかに覆してやるかという思いがどれだけ強くあるかである。

世界にはEU、NAFTA、MERCOSUR、ASEANなどの国家群が複数存在するのだが、これらの中ではASEANのスケールが一番小さいということになっている。

そこであなたはASEANをいかに1位に見せるかを真剣に考えるのだ。

確かに経済規模の王道であるGDPで比較すると見劣りするASEANだが、貿易額をGDPで割ると頭一つ抜けて高い数値が算出できる。

ここからASEANは海外需要を積極的に取り込んでいることがわかり、魅力を伝えることができるというわけだ。

**分析は、あなたの思いに従うのだ。**

# 切り口を工夫することによって魅力的な表現ができる

## [23]

「1．大分類」
↓「（1）中分類」
↓「①小分類」
を習慣化する。

極めて初歩的なことだが、知らない人は知らないままで定年を迎えてしまうルールがある。

それは、資料作成の際に必ず露呈されるルールであり、知っていればきちんとした人と評価されるが、知らなければダメな人の烙印を押されるものだ。

資料に番号を振る際には、「1.大分類」→「(1)中分類」→「①小分類」という順番を死守することだ。

たとえば次のような感じである。

1.マーケティング戦略

(1)SNSの活用
①Twitter
②Facebook
③LINE

(2)人気ブロガー依頼
①A氏
②B氏
③C氏

(3)有料広告
①新聞
②雑誌
③ネットバナー

以上を習慣化しておくと、資料の説明をする際にも非常に楽になる。

「2の3の1をご覧ください」と言えば、聞き手は「2．大分類」↓「(3) 中分類」↓「①小分類」にサッと目をやればいいわけだから、まず迷わない。

酷《ひど》い資料だと、気分で「(1) 大分類」↓「①中分類」↓「1．小分類」となっていたり、「①大分類」↓「1．中分類」↓「(1) 小分類」となっていたりする。

これでは作成者も聞き手も現在どこを説明しているのかわからずに、商談は決裂してしまうだろう。

実は、これらは私の作り話ではなく、現実に私が社内外で何度も経験したありのままの現実である。

そして何よりも一番痛いのは、賢明な相手から「こういう資料を作るような頭の悪い相手とは二度と関わってはいけない」と、絶縁されてしまうことなのだ。

私のこれまでの経験では、概して大企業ではこういう教育は徹底されていたものだが、中小企業では誰からも教わっていない人たちの比率が高かった。

中小企業が大企業にプレゼンをしてよく見下されてしまうのは、内容以前にこうした初歩を習得していないことに原因があるのだ。

**「大分類」↓「中分類」↓「小分類」という思考法は、あなたの一生の武器になる。**

資料を作成するたびに、どんどんあなたの頭が良くなることをお約束する。

# 資料作成の際に有効なルールをしっかり身につけよう

# [24]

数字は必ず
図やグラフで
ビジュアル化する。

数字に自信がある人ほど要注意なのだが、資料にびっしりと数値を記載してしまって相手に嫌われることがある。

資料は作成者の自己満足ではなく、相手に伝わってこそ意味があるものだ。

そう考えると、びっしりと数値を記載してある資料は、自己満足以外の何物でもないと気づかされるはずだ。

あなたがそうならないようにするのはもちろんのこと、そういう人々とは関わらないようにすることも大切である。

もしあなたが数字をたっぷり駆使した資料で勝利を掴みたければ、必ず図やグラフでビジュアル化すべきである。

それも、小学生向けの教材を作成するつもりでちょうどいい。

決して勘違いしてはならないが、小学生向けの教材は小学生が作っているのではなく、一流の専門家たちの頭脳の結晶《けっしょう》である。

つまり、誰にでもわかりやすい資料を作成するのは、その道のプロでなければできないということである。

あなたはあなたの仕事ではプロのはずだから、その分野の専門家である。

だったら、素人であるお客様にもわかる資料を作成するのが、あなたの仕事である。極端な話、数字はおまけで図やグラフが主役と考えるくらいでちょうどいい。

**何も知らない相手が、2秒以上考えても意味がわからない図やグラフには、意味がない。**

2秒以上考えても意味がわからないということは、その図やグラフは自己満足という証拠であり、専門家同士でしか通用しない何の役にも立たない落書きである。

図やグラフを作成する際は、必ずそれに関わっていない人に何度も見てもらいながらチェックを繰り返すことだ。

できれば別の部署、場合によっては社外の人にも見てもらいながら、瞬時に理解してもらえるものを目指そう。

図やグラフにはそれなりにセンスが求められるから、その道でロングセラーになっている書籍や、ネット上でしっくりきたサンプルをどんどん真似することだ。

概して格調《かくちょう》高いサンプルは自己満足でわかりにくく、ハードルの低そうなサンプルは実際に使えて相手の評価も高くなることが多い。

相手に評価されるうちに、次第にどんな図やグラフが本物なのかもわかってくる。

# 図やグラフは、誰が見ても瞬時に理解できるものを作ろう

# [25]

## ビジュアル化で余計にわかりにくくしない。

私は学生時代からビジネス書をよく読んできたが、たまに残念なコンサル本に出逢うこともあった。

それはビジュアル化したために、余計にわかりにくくなってしまったものだ。

著者の自己満足の極致《きょくち》であり、こんなにわかりにくいなら文章だけのほうがマシだと思ったものだ。

概してそういう自己満足本はハードカーバーで紙も上質なものが使われているから、やたらと値段が高いのも特徴である。

唯一長所を挙げるとすれば、部屋の書棚に飾っておくインテリアとしては役立つかもしれないということだ。

内容はサッパリ理解できないけれど、見栄《みば》えだけは格調高く見えるからである。

ビジュアル化で余計にわかりにくくしてある本は、たいてい著者の経歴も華やかで、「あなたのようなおバカさんにわかるかしら?」というメッセージが伝わってくる。

簡単に理解させたら負けとでも言わんばかりだ。

いかに著者が優秀で読者が愚鈍《ぐどん》なのかを確認するためのツールなのではないかと、つい疑いたくなるほどだ。

翻《ひるがえ》って、あなたはどうだろうか。

ひょっとして、あなたもそんな自己満足本に憧れて、せっせとわかりにくい資料を作り続けてはいないだろうか。

私が経営コンサルティング会社に転職したばかりの頃も、若手社員でそうした資料を作り続けている人間がいた。

結局彼は、万年平社員のまま一度も企画が通ることなく会社を去ってしまった。

それは、彼が努力の方向を間違えていたからである。

彼は相手のためではなく、ひたすら自分のために資料を作っていたのだ。

その結果、確かに芸術的で美しい資料を作ることはできたかもしれないが、自分以外の誰からも理解されることはなかった。

**伝えたことが情報ではなく、伝わったことが情報なのだ。**

**どんなに優れた情報でも、相手に伝わらなければこの世に存在しないのと同じだ。**

数字をビジュアル化するのは、相手に情報を正確に伝えるためだ。

ビジュアル化して相手に気を遣わせた時点で、あなたの負けなのだ。

# わかりにくい図解には全く意味がない

## [26]

「成功率99%の手術です」

=「100万人中
1万人失敗しました」

「成功率99％の手術です」と聞いて、あなたは何をイメージするだろうか。

多くの人は、１００人中99人が成功して１人しか失敗しないのだから、手術を受けない人間はバカだと考える。

だがそれは、他人事として考えているからである。

手術を受ける当事者である本人は、次のように考える。

「成功率99％ということは１００万人中１万人が失敗するということだから、自分もその１万人に入る可能性は十分にあるな」

確かに、１００人中１人の失敗と１００万人中１万人の失敗は、確率的には同じく１％である。

ところが、両者から受ける印象はまるで違う。

確率とはそういう性質のものであり、確率が同じだから人の受け取り方も同じというわけではないという事実を知る事が大切なのだ。

換言すれば、確率を相手に伝える場合はその伝え方が大切になってくるということだ。

「合格率２％」と「50人受けて１人合格」と「５万人受けて１０００人合格」とでは、

当事者に与える印象はまるで違う。

「合格率２％」と聞くと、１００人中２人しか合格しないのだと感じるだろう。

「50人受けて１人合格」と聞くと、50人中１番でなければ通らないのかと緊張するだろう。

「５万人受けて１０００人合格」と聞くと、合格者は１０００人も出るのだから自分にも可能性があるかもしれないと思えるだろう。

宝くじで億単位の金額が当選する確率は気が遠くなるほど低いのだが、確率ではなく当選者数を聞くと「ひょっとしたら自分も……」と思える。

つまり、毎年宝くじを買い続ける人たちは確率に賭けているのではなく、実数に賭けているのだ。

あなたは、あなたの人生でこれを活かせばいい。

**相手に数字を伝える際は、確率で伝えるか実数で伝えるのかを臨《りん》機《き》応変《おうへん》に使い分けることだ。**

**これを使い分けるだけでも、あなたの年収は大きく変わってくるだろう。**

# 同じ内容でも、数字の用い方で印象は全く変わってくる

# [27]

シナジー効果とは、
1+1>2ということ。

あなたは、シナジー効果とは何かを言葉でわかりやすく説明できるだろうか。

念のため説明すると、シナジー効果とは相乗効果《そうじょうこうか》のことであり、二つ以上の要素が同時に働いて、各要素が単独でもたらす以上の結果を生み出すことだ。

ちなみにシナジー効果の反対語はアナジー効果であり、お互いに悪影響を及ぼして「組まないほうがマシだった……」という結果で終わってしまうことである。

どんな言葉よりも短く、一瞬で理解できるのが数式の素晴らしいところだ。

シナジー効果を数式で表すと、1＋1＞2となる。

アナジー効果を数式で表すと、1＋1＜2となる。

たったこれだけでどんな言葉で説明するよりも、シナジー効果の本質を表している。

たったこれだけでどんな言葉で説明するよりも、アナジー効果の本質を表している。

この1＋1＞2と1＋1＜2という数式を、私は経営コンサルタント時代に様々な経営用語の説明に応用させてもらった。

たとえば、優れたマネジメントは1＋1＞2にすることであり、ダメなマネジメントとは1＋1＜2にすることである。

これはマネジメントで悩んでいたエグゼクティブたちを、一発で覚醒《かくせい》させた。

人を採用しただけで教育しなければ、ただ人件費が増えるだけであり、経営上は経費や負債になる。

人を採用して教育を施せば、経費ではなく最高の投資となり、経営上は資産になる。

今でもこれ以上の説明はなかったと思っている。

あるいは、M&Aをする際にもこれは有効だった。

優れたM&Aは1+1>2を生み出し、ダメなM&Aは1+1<2を生み出すことである。

M&Aの本質とは、何を捨てて何を残すかである。

何を捨てて何を残すかの判断を誤らなかったM&Aのみが、めでたく1+1>2という結果を生み出すことができ、判断を誤ったM&Aは1+1<2という結果に終わった。

私のこの話を聞いてM&Aを思い留まる社長もいたし、「そうか!」と叫んで即実行に移す社長もいた。

念のため言うと、数学上は1+1>2も1+1<2も当然誤りであり、矛盾している。

だが、人間社会にはいずれも存在し、1+1=3や1+1=-3になることは日常茶飯事だ。

**まさに数字や数式というのは、言葉以上に言葉なのである。**

## 数字や数式は、人間社会における真実をありのまま表現できる

## [28]

一番上に見積金額を明記してあると潔《いさぎよ》い。

見積書でその会社の潔さがわかる。

ぼったくり会社は、たいてい見積金額を最後に小さく記載してある。

なぜなら、自分たちが後ろめたいことをしていると一番よくわかっているからだ。

人は誰でも臭い物に蓋《ふた》をするという本能がある。

できるだけ自分にとって都合が良くて、相手にとっては都合が悪いことを隠したがるのは当然なのだ。

だが、見積書に限らず、我々が本能の赴《おもむ》くままに生きていると、いずれ犯罪者となってしまうのは日々のニュースを見ていればよくわかるはずだ。

規模に関係なく、美しい会社は必ず見積金額を一番上に明記してある。

少なくとも100人いたら100人が一発でわかるように明記してある。

この潔さが美しさとなり、その会社を成長させるのだ。

もちろん、一番上に見積金額を明記したから必ず契約が決まるわけではない。

一番上に見積金額を明記しただけで必ず契約が決まるのであれば、世の中の詐欺師は全員そうするはずだ。

一番上に見積金額を明記したことによる特典《とくてん》は、相手に速やかに決断してもらえるということだ。

実は、これは時間という途轍もない報酬を受け取っていることになるのだ。

私が経営コンサルタント時代には時間が欲しくて堪《たま》らなかったから、とにかく決断をその場ですぐにしてもらいたかった。

だから、いつも見積金額は一番上にでかでかと明記しておいた。

それだと、誰でも一瞬で決断してくれるからだ。

今だから正直に告白するが、明記した見積金額を見て躊躇《ちゅうちょ》するような相手とは仕事をしたくなかった。

なぜなら、その相手は私の価値がわかっていないし、いざ仕事がスタートしても決断が遅いからである。

**決断のスピードが違う相手とは、いい仕事はできない。**

**だったら最初からやらない。**

こうした私の仕事哲学は、今振り返っても正しかったと自分を褒《ほ》めてやりたい。

お金の話は最初に終わらせて、あなたの時間をたっぷりと生み出そう。

# 相手に速やかに決断してもらえる数字の見せ方を工夫しよう

## [29]

# 後ろめたいことを小さく書かない。

見積金額に限らず、自社にとって都合の悪いことは誰でも知られたくないものだ。もちろん、会社の機密事項《きみつじこう》は漏《も》らすべきではない。

しかし、本来お客様にオープンにしておくべき情報をあえて伝わらないようにするのはフェアではないし、長い目で見ると業界の衰退に繋がるだろう。

後ろめたいことを小さく書いても、必ずあとからお客様はそれを見つけ、クレームに発展するからだ。

お客様が気づくのが遅くなればなるほど、恨みは募る。

後ろめたいことを小さく書くことで多くのお客様を騙し、売上を獲得すればするほど世間を敵に回すことになる。

こうした負のスパイラルに突入すると、再起するのはほぼ不可能である。

ちゃんとした業界や会社は必ず後ろめたいことも明記しており、それに対する説明もしてくれる。

それが当たり前だと思うのだが、それができている業界や会社は極めて少ない。

私が経営コンサルタントだった時代には、後ろめたいこともあえてお客様に伝えてきたし、顧問先にもそう指導していた。

「経営コンサルタントの成功率はどのくらいですか？」

そう聞いてくる相手に対しては、次のように即答してきた。

「お客様が途中で投げ出されなければ51％以上、お客様が途中で投げ出せば０％」

経営コンサルティングの仕事は、どれだけ経営コンサルタントが熱くなっても、相手が動かなかったり裏切ったりすれば絶対に成功しないからである。

顧問先には様々な業種業界があったが、とりわけ損害保険業界においては、いい影響を与えたと自負している。

某地域トップ販売代理店では、ある保険商品の〝ボーナス〟という言葉の意味を正直にお客様に伝え続けたところ、絶大な信頼を得て次々に紹介が発生し、年間収入保険料が跳ね上がった。

「〝ボーナス〟と言っても、お客様からもらい過ぎたお金を返しているだけですよ」

ただこれを伝え続けただけで、お客様たちから全幅《ぜんぷく》の信頼を寄せられたわけだ。

あえて自分や自社の欠点を正直にさらけ出すことで、信用は得られるものなのだ。

**お客様は奪う人からは買わず、与える人から買うものである。**

# 隠さず表現することで信頼を得られる

## [30]

# 判断は数字で、
# 決断は好悪で。

数字の本の中でこういうことを書くと驚くかもしれないが、数字はただの判断材料に過ぎない。

判断とは、正誤問題でマークシートを塗り潰すのと同じだ。

論理的に考えれば正誤はハッキリするはずだから、それは数字で処理するに限る。

これまで本書で繰り返し述べてきたように、数字は物事を論理的に判断するためには最高の武器だからである。

そこに感情の入る余地はないし、論理的に考えて正しいものは正しく、間違っているものは間違っている。

ここに議論の余地はない。

だが、私はそれだけでは人生が味気《あじけ》ないものになると思う。

私自身の人生を振り返ってみても、分岐点《ぶんきてん》では、いつも数字ではなく、自分の好悪だけで決断するように極力努めてきた。

決断とは、判断で残った選択肢の中から、自分の好き嫌いで決めることだ。

判断の段階で、論理的に考えてすべて正しい選択肢しか残っていないのだから、決断は、それら正しい選択肢の中から自分が好きなものを選べばいい。

つまり、どれを選んでも正しいのだから、論理的に考えても間違いではないということになる。

**好悪で決断し続けた結果、私の人生はどうなったか。**

**その時点では失敗に見えたことでも、必ずあとから成功に繋がったのだ。**

中には「あの時あっち側を選んでいたらどうなっていただろうか？」と後悔する決断もあるが、それらは決まって好悪ではなく、世間体《せけんてい》で選んでしまった決断ばかりだ。

世間体で決断すると、成功すればいいが、失敗すると世間のせいになってしまう。

本当は世間体で選んだ自分の責任なのに、無意識に他人のせいにしてしまうのだ。

さらに正直に告白すれば、世間体で選んだことがいくら成功しても、長期的に見ればそれらは大きな失敗に繋がっている。

こうして本を読みながら人生の予習をしているあなたには、私と同じ過ちを繰り返してもらいたくない。

私が心底良かったと確信していることのみを真似して、幸せになってもらいたい。

左脳で論理的に判断したら、次は右脳で直感の決断をすればあなたは最後に笑える。

# 物事は、数字だけで決めてはならない

# 第4章

# コミュニケーション力が上がる数字の使い方

# [31]

相手が「ちょっと自慢できるネタ」を数字入りでプレゼントする。

数字の素晴らしいところは、記憶しやすい上に話している本人が利口《りこう》に見えることだ。

ちょっとした雑談の中にも数字を混ぜるだけで、その人は主導権を握りやすくなる。ここで私があなたにおススメしたいのは、数字を使って主導権を握れということではない。

その逆で、相手が「ちょっと自慢できるネタ」を、あなたが数字入りでプレゼントしてあげるのだ。

たとえば、有名な「ハインリッヒの法則」というものがある。

これは、1：29：３００という数字を憶えるだけでいい。

ハインリッヒの法則は、もともと労働災害分析のために開発されたものだ。

1件の大問題に発展した労働災害の裏には、29件のちょっとした労働災害が存在し、さらにその裏には労働災害にならないヒヤッとした経験事例が３００件存在するというわけである。

つまり、あなたが致命的な大問題を発生させたくなければ、３００回もヒヤッとする前に手を打つべきであり、仮にそれをサボり続けたとしても、せめて29回の小さな事故のうちには手を打つべきだということだ。

これを逆に考えると、成功についてもそのまま当てはまる。

1回の大成功の裏には29回のプチ成功が存在し、29回のプチ成功の裏には３００回のプチプチ成功が存在するのだ。

だから、大成功した人の表面上をいくら真似しても、あなたは成功できないのだ。

なぜなら、大成功者はそれまでに29回ものプチ成功をしている実力の持ち主であり、さらに３００回のプチプチ成功をし続けるだけの基礎力もあるからである。

以上は、私が10年以上前に経営コンサルタントとして、顧問先の社長や従業員たちにプレゼントし続けたことのほんの一例だ。

みんな目を輝かせて聞いてくれたし、あちこちで得意気《とくいげ》に拡散《かくさん》してくれた。

こういうネタは、真剣に本を読んだりネットで検索したりすれば、いくらでも見つかる。

**自分をひけらかすためではなく、相手を賢くして喜んでもらうために行えば、必ず感謝される。**

相手が目上の人であれば、「聞きかじりですけど……」と前置きしてから話すといいだろう。

## 相手を喜ばす材料として数字を活用しよう

[32]

# 「%」より「割」のほうが柔らかい。

私が経営コンサルタント時代に、同僚が話をしているのを観察していて、こんなことにふと気づかされた。

口頭《こうとう》で確率を表現する際には、「%」で伝えるよりも「割」で伝えたほうが聞き手に好印象を与えるのだ。

たとえば、「30%といったところですね」と伝えるより、「3割といったところです」と伝えたほうが、概して目上の相手には好感を持たれやすい。

あるいは、「70%がそうですよ」と伝えるより、「7割がそうですよ」と伝えたほうが、概してリラックスしながら話を聞いてもらいやすい。

記号の「%」より漢字の「割」のほうが、柔らかい印象を与えるためだ。

社内の同僚たちによってこれらの事実に気づかされた私は、今度は嬉々《きき》としながら社外で演繹的に確認してみた。

すると、やはり感じのいい人、話が通りやすい人というのは、「割」で確率を表現する比率が高かったのだ。

もちろん、私も彼らの真似をしたのは言うまでもない。

そのほうが、幸せになりやすいと確信したからである。

「割」で伝えることで、相手に安心感を与えるのか、打ち解けられるまでの時間が随分短くなった。

「割」で伝えることで、数字が細かくならないためなのか、最後まで楽しく話を聞いてもらえるようになった。

「割」で伝えることで、相手に信用されるのか、商談の成約率が飛躍的に高まった。

とりわけ女性や高齢者には「割」のウケが良く、私は率先《そっせん》して多用したものだ。

ただし、あくまでもこれは口頭での話なので、ビジュアル化した資料などでは「%」のほうが客観的な印象を与えて信用されやすいだろう。

そう言えば、様々なチラシを見ていても、割引やポイント獲得数が「%」で表記されたものもあれば「割」で表記されたものもある。

あなたはどちらが見やすく、信用できるだろうか。

私はこうしたビジュアル化された資料は「%」のほうが見やすいし、どこか数学的で信用してしまう傾向がある。

**口頭なら「割」、ビジュアルなら「%」のほうがいいというのが私の結論である。**

# 相手に伝わるニュアンスも意識して表現しよう

# [33]

聞き手の
女性比率が高い場合は、
数字の話を連発すると
嫌われる。

私が経営コンサルティング会社に勤務していた頃、社内でトップクラスの成績だった経営コンサルタントが、からきし女性に人気がないことに驚いた。

彼は一流大学の大学院で数学を専攻していた経歴の持ち主で、そこでも特別に優秀な成績だったそうだ。

そんな大秀才の講演には、当然の如く数字の話が登場し、私は彼の頭脳明晰《めいせき》さにいつも惚《ほ》れ惚《ぼ》れしていたものだ。

ところが、講演のアンケート結果や、彼にインタビューをした人からの評判は、すこぶる悪かった。

彼に嫌悪感を抱く大半が女性だったが、私にはその意味がまるで理解できなかった。

そこで私は彼女たちに「彼のどこが嫌なのか」を真剣に聞き続けた。

次第に私と打ち解けてくれた彼女たちは、異口同音《いくどうおん》に次のように述べた。

「独り善がりで鬱陶《うっとう》しい」

「自己陶酔《じことうすい》していて気持ちが悪い」

かなり感情的に意見を述べてくれた人もいたが、要するに、女性に数字の話を連発すると嫌われるということを私は教わった。

少なくとも、聞き手の女性比率が高い場合は、数字の話を連発してはいけないのだ。（もちろんその場が理系の専門家の集まりだとか、相手が数学好きな女性であるなどの例外中の例外は除く）

せっかく数字でわかりやすく説明しようとしても、それが却って逆効果になることもあるという事実を受容してもらいたい。

学問的にも、男性は論理的思考能力が、女性はコミュニケーション能力が概して長けていると言われている。

なるほど、世界の第一線で活躍する宇宙飛行士や物理学者のほとんどが男性である。世界の第一線で活躍する同時通訳者はほとんどが女性だし、幼稚園や小学校の教諭は男性より女性の比率が高い。

**こうした学問的根拠を踏まえると、女性比率が高い場ではレトリックを交えて伝えたほうがいいことがわかる。**

**レトリックとは言葉巧みな言い回しで、「速度は2倍、価格は半分」などがそうだ。**

言葉×レトリック＝∞であり、有限の言葉で無限の宇宙を表現できる。

# 数字を伝える際は、相手の性別も意識しよう

# [34]

得意気に
「どのくらいかわかりますか?」と
マウンティングすると
嫌われる。

講演で、やたら質問をしまくる暑苦《あつくる》しい講師がいるだろう。

これは「全員参加型」という名の権威付《けんいづ》けをしているのである。

自分が知っていて相手が知らないことを前提に質問して、自分が優位な立場になろうというマウンティング行為である。

やたら熱血で異様に声がでかく、カリスマ気取りなのが特徴だ。

虚心坦懐《きょしんたんかい》に観察していると、こうした講師は、社会的に尊敬されない仕事のやり方をしている人が多いように思う。

講演の講師に限らず、日常のコミュニケーションでも、得意気に「どのくらいかかりますか？」とマウンティングすると、聞き手に嫌われるのだ。

あなたの学生時代を思い出してもらいたい。

別に悪いヤツじゃないのに、周囲からは嫌われていた。

言葉では表現できないが、どこか好きになれなかった。

こうした人たちは「これ、知っている？」「これ、いくらかわかる？」が口癖《くちぐせ》だったのではないだろうか。

無意識にマウンティングをしてしまうので、周囲から避けられていたのだ。

私がこれまで出逢った人たちを振り返っても、「どのくらいかわかりますか?」という口癖の持ち主は、例外なく嫌われていた。

私は、なぜ彼らが無意識のうちにそうやってマウンティングをかましてしまうのかを、ヒアリングを通して追跡調査してみた。

その結果明らかになったのは、彼らの大半は学歴コンプレックスを持っていたということだ。

「周囲よりも学歴が低いから、なめられてはいけない」

「学歴では負けても知識では負けないぞ!」

そんな恐怖から、涙ぐましい努力の結果としてマウンティングをかましていたのだ。

あなたもこうして本を読んで知識をつけたら、つい自慢したくなるかもしれない。

だが**知識は、自分から披露《ひろう》するものではなく、乞われて教えるものである。**

乞われてもいないのに教えていると、著《いちじる》しくあなたの地位を下げてしまう。

「どのくらいかわかりますか?」とマウンティングをかまさないのはもちろんのこと、聞かれてもいないのに教えないことが大切なのだ。

# 乞われてもいないことを、偉そうにひけらかしてはいけない

## [35]

数字が細か過ぎると、
「頭にコンプレックスが
あるのかな?」
と思われる。

資料に掲載してある数字が、正確なのは悪いことではない。

だが、口頭で伝える数字があまりにも細かいと、相手は興ざめしてしまう。

こういう痛い人たちは、自力では自分の痛々しさに永遠に気づけない。

なぜ自分が勉強している割には評価されないのか、細かい数字まで記憶しているのに努力が報われないのか。

こうして本を読みながら気づかされるか、親友から忠告してもらって本心と良心から受容する以外に方法はないのだ。

数字が細か過ぎると「この人は頭にコンプレックスがあるのかな？」と思われる。

それで、そこから先の話を聞いてもらえなくなるのだ。

「日本の人口は1億2000万人くらい」と言えばいいのに、それに覆い被《かぶ》さってまで「正確には1億2686万人だよ！」とつい叫んでしまうのは、「頭が良いですね」と褒めてもらいたいからなのだ。

「日本の面積は約38万㎢」と言えばいいのに、真っ赤な顔をして興奮しながら「正確には37万7972㎢だよ！」とつい訂正してしまうのは、「頭が良いですね」と褒めてもらいたいからだ。

「頭が良いですね」と褒めてもらいたいということは、自分で自分の頭が悪いことをよくわかっている証拠である。

**人は、自分に欠けているものを生涯追い続ける生き物だから、欠けているものを求めてひたすらそれを叫び続けるのだ。**

あなたもこうして数字の本を読んでいるということは、向学心《こうがくしん》が旺盛《おうせい》だということに他ならない。

ただし、知識というのは諸刃《もろは》の剣《つるぎ》であり、使い方を間違えると不幸のきっかけになってしまう。

私は、あなたに幸せになってもらうために、こうして本を書いている。

本書をきっかけにして、あなたに数字力が備わっても、どうかその使い方を誤らないでもらいたいのだ。

どうしても細かい数字を記憶したければ、どうか趣味の世界に留めておいて、人前では隠し通したほうがいい。

豊富な知識を披露して干された人々は、古今東西問わず数え切れないほどいるのだ。

# あまりに数字に細かすぎると逆効果になる

# [36]

「すぐにやります」より
「5分以内に仕上げます」

仕事ができない人の口癖に「すぐやります」というのがある。

依頼者は「すぐやります」がどのくらいなのかがわからないため、非常にストレスが溜まる。

「すぐやります」と言っておきながら、他の仕事をやり続けて、結局その日は「できませんでした」と元気に帰っていく人も増えてきたようだ。

時短《じたん》や早帰りが浸透してきたためか、あるいは、すぐに○○ハラスメントと騒ぎ立てる風潮のためか、仕事ができない人が堂々とできる時代になってしまった。

だからこそ、あなたはチャンスなのだ。

周囲が「仕事はそこそこに」「そんなに気張《きば》らないで」といった緩いムードであれば、あなたが少し意識するだけで突出できるからだ。

もしあなたが「すぐにやります」が口癖なら、今この瞬間から具体的に数値を入れてみることだ。

「すぐにやります」ではなく「5分以内に仕上げます」と言ってみることだ。

「5分以内に仕上げます」と聞いた相手は、具体的数値が入っているから安心するし、「できれば1分以内にやってもらえないか」とか「今日中にやってくれればいいよ」といった、具体的なレスポンスが返ってくるはずだ。

「すぐにやります」では曖昧で、相手は何も言いようがないのに対して、「5分以内に仕上げます」だと具体的だから、相手と具体的にコミュニケーションが取れるというわけだ。

すでにあなたはお気づきのように、具体的なコミュニケーションを取ることによって、仕事はどんどん形になっていくのだ。

換言すれば、具体的なコミュニケーションが取れない人たちは、いつまでも仕事が形になることはないのだ。

つまり、世の中には二通りの人間がいることになる。

具体的なコミュニケーションを取りながら、次々と仕事を成功させていく人間。

曖昧なコミュニケーションを取りながら、一度も仕事で成果を出せない人間。

両者が継続的に一緒に仕事をすることはなく、どちらか一方に偏っていく。

**できる人間はできる人間同士で、できない人間はできない人間同士で群れる。**

あなたの人生はあなたが決めればいいから、どちらでも好きなほうを選べばいい。

# 具体的数値を掲げることによって良いコミュニケーションが取れる

# [37]

「たくさん」「めっちゃ」「すごい」という表現を控えてみる。

あなたは会話の中で「たくさん」「めっちゃ」「すごい」という表現を、どのくらい使っているだろうか。

これらの表現を使ってはいけないというわけではないが、これらの表現しか使えないというのは寂しいことだ。

「たくさん」「めっちゃ」「すごい」だけでも会話ができないわけではない。

だがそれでは、小学生と同レベルの語彙力《ごいりょく》である。

少なくとも、頭が良くなることはない。

では、どうすればいいのか。

それは「たくさん」「めっちゃ」「すごい」という表現を控えてみることだ。

つい口から出そうになっても、グッと堪《こら》えてみるのだ。

その代わりに、「たくさん」とはどれくらいなのかを、数字で表現するのだ。

「たくさん」とは、10なのか100なのか1000なのか。

「めっちゃ」とは、1万なのか10万なのか100万なのか、どれくらいなのかを数字で表現するのだ。

「すごい」とは、1億なのか10億なのか100億なのか、どれくらいなのかを数字で表現するのだ。

そうすることで、あなたは確実に頭が良くなる。

最初のうちは窮屈《きゅうくつ》に感じるかもしれないが、次第に数字で表現することに抵抗がなくなり、さらには数字で表現することが快感になってくる。

そしてしばらくすると、あなたの周囲に集う人たちのレベルが上がるだろう。

**なぜなら、人というのは、同レベル同士でしか同じ空間に居られない生き物だからだ。**

もし現在のあなたの周囲にいる人材が冴えない連中だというのなら、それはあなたが冴えないからである。

あなたが冴えない会話をしているから、冴えない連中があなたを「仲間」だと認めて寄ってくるのだ。

あなたが賢い話し方をすれば、冴えない連中は居心地《いごこち》が悪くなってあなたから去る。

あなたが賢くなって独りぼっちになると、しばらくして別の賢い人と出逢う。

これが人間社会の本質である。

まずは今の自分の語彙力が恥ずかしいと気づくことが、教養の始まりである。

# あいまいな言葉ではなく
# 数字で表現しよう

## [38]

具体性とは、数字と固有名詞のことである。

あなたは上司や先輩、そしてお客様など目上の人たちから、「もう少し具体的に」と言われた経験はないだろうか。

具体的の反対語は抽象的だが、あなたはこの違いをきちんとわかりやすく説明できるだろうか。

言葉の意味を考える際には、まず漢字の語源を辿ることだ。

具体とは「体（形）」を「具《そな》える」ということであり、目に見える形があるということである。

抽象とは「象（形）」を「抽《ひ》き出《だ》す」ということであり、複数の個々具体的なものから共通点を抽き出すということである。

たとえば、あなたや千田琢哉という存在は具体的だが、抽象度を上げると人間になる。

なぜなら、あなたと私の確実な共通点は、人間ということだからである。

人間からさらに抽象度を上げると、生物になる。

あなたや私、そしてペットの犬や猫も生物という点においては共通だからである。

冒頭の「もう少し具体的に」というのは、人間だとか生物では曖昧でよくわからないから、あなたや千田琢哉といったように鮮明にイメージできるように教えて欲しいと言っているのだ。

究極の具体性とは、唯一無二の存在である。

ただし、以上のような説明を周囲にすると嫌われる。

こうしたことは、あなたの頭の中で理解しておく必要はあっても、わざわざ話す必要はない。

あなたが押さえておかなければならないのは、実用的な具体性である。

実用的な具体性とは、数字と固有名詞のことである。

数字か固有名詞を入れて説明することが、具体的に説明するということなのだ。

あなたが「日本は意外に広い」と言ったことに対して、相手が「もう少し具体的に」と突っ込んできたら、あなたは「世界197ヶ国中61位」と言えばいい。

あなたが「日本は人口大国」と言ったことに対して、相手が「もう少し具体的に」と突っ込んできたら、あなたは「世界第11位」と言えばいい。

**このように、相手に突っ込まれた際には、きちんと数字か固有名詞で表現すればいい。**

突っ込んだ相手は、確実にあなたに一目置くであろう。

## 数字や固有名詞を用いることで具体性が生まれる

# [39]

確信できるデータがあれば、
落ち着いて相手の話に
傾聴《けいちょう》できる。

私がこれまでに出逢ってきた人たちを観察してきて、断言できることがある。

それは、二流のお利口さんほど自己主張が激しいのに対して、一流のエリートは、いつも控えめだったということだ。

もちろん私は、なぜこんな現象になるのかを、本人たちと面談を繰り返して確認した。

二流のお利口さんの自己主張が激しい理由は、確信できるだけの知識がない恐怖があるためである。

これに対して、一流のエリートが控えめなのは、圧倒的な知識を備えていて常に余裕があるからである。

二流のお利口さんが、今この瞬間に勝たなければ二度と勝てないと興奮するのに対して、一流のエリートは、人生トータルでは自分が勝つことがわかっているから、落ち着いていられるのだ。

残念ながら、これ以外の理由はなかった。

もしあなたが一流のエリートの生き様を美しいと憧れるのであれば、あなたも美しい生き様にすればいい。

会議や商談には、事前準備を万全にして、常に確信できるデータを持参して臨めばいいのだ。

そうすれば、あなたは落ち着いて相手の話に傾聴できるだろう。

なぜなら、最初から知識ではあなたが勝つとわかっているのだから、いちいち張り合う必要がないからである。

喧嘩や口論は必ず同レベル同士で行われるから、あなたが圧倒的準備をしておけば、横綱相撲を取ることができて、喧嘩にならないというわけだ。

ちなみに、業種業界を問わず、商談というのは、話し過ぎたら契約率が大きく落ちるという統計データもある。

これは、無知で黙っていれば売れるということではない。

**売る側が圧倒的な知識量を持っていながらも、黙ってお客様の話に傾聴できて、その上で質問されたことにはわかりやすく的確に答えられた場合に売れるという意味なのだ。**

あなたも、仕事ができるようになりたいはずだ。

あなたの周囲でも、本当に仕事ができる人には、寡黙《かもく》な人が多いだろう。

それは、横綱相撲が取れるという余裕からきているのである。

# 横綱相撲が取れるくらいの圧倒的準備をしよう

# [40]

相手が数字で威嚇《いかく》してきたら、「イヤダカラ、イヤダ」と辞退すればいい。

ここまで本書を読んできたあなたであれば、数字の素晴らしさや力がよく理解できたのではないかと思う。

ぜひ、数字という便利なツールを使って、幸せな人生を歩んでもらいたいと思う。

ただし、本書でもすでに触れたように、数字という便利なツールを悪用して、あなたを騙そうとする連中が世の中にはウジャウジャいることを、再度認識しておいてもらいたい。

頭の良い連中が、数字を駆使して論理的に攻めてきたとしよう。

その時、あなたはどう戦うのか。

いくら悪人といえども、相手の論理的思考能力が上回っていたら、どうあがいてもあなたに勝ち目はないのだろうか。

決してそんなことはない。

論理には致命的な欠点があるからである。

**論理の致命的な欠点とは、いざとなったら人の感情に負けるということだ。**

テレビの討論番組を見ていればわかるように、理系出身の頭の良い人たちが低学歴の出演者たちに言い負かされてしまうことが珍しくない。

そもそも討論になっていないという問題もあるが、その場限りで勝ち逃げしたふりができるのは、頭が悪いほうがむしろ有利なのだ。

ここは一つ、内田百閒《うちだひゃっけん》を見習って「イヤダカラ、イヤダ」と言ってみよう。

どんなに精緻《せいち》な数字と論理的な資料で畳《たた》みかけられても、あなたは済ました顔でこう言えばいいのだ。

「イヤダカラ、イヤダ」

いかがだろうか。

これならあなたにも言えるのではないだろうか。

論理的に攻めてくる相手も「イヤダカラ、イヤダ」と言われれば、もはや攻めようがないのである。

もしあなたが生理的に受け付けない相手から、どんなに理路整然と言い寄られても、「イヤダカラ、イヤダ」と言えば一瞬で終止符を打てるのだ。

私も人生の窮地《きゅうち》では、この「イヤダカラ、イヤダ」に大変お世話になった。

数字の力を認めながらも、結局人間の好悪には数字も敵わないのだ。

こうした遊びというか、矛盾があるからまた人生は楽しいのだ。

# 結局、人間の好悪には、数字も敵わないことを知ろう

さて、映画『博士の愛した数式』を
もう一度鑑賞するとしよう。

## 千田琢哉著作リスト （2018年6月現在）

**〈アイバス出版〉**

『一生トップで駆け抜けつづけるために20代で身につけたい勉強の技法』

『一生イノベーションを起こしつづけるビジネスパーソンになるために20代で身につけたい読書の技法』

『1日に10冊の本を読み3日で1冊の本を書くボクのインプット&アウトプット法』

『お金の9割は意欲とセンスだ』


**〈あさ出版〉**

『この悲惨な世の中でくじけないために20代で大切にしたい80のこと』

『30代で逆転する人、失速する人』

『君にはもうそんなことをしている時間は残されていない』

『あの人と一緒にいられる時間はもうそんなに長くない』

『印税で１億円稼ぐ』

『年収1,000万円に届く人、届かない人、超える人』

『いつだってマンガが人生の教科書だった』


**〈朝日新聞出版〉**

『仕事の答えは、すべて「童話」が教えてくれる。』


**〈海竜社〉**

『本音でシンプルに生きる!』

『誰よりもたくさん挑み、誰よりもたくさん負けろ!』

『一流の人生 － 人間性は仕事で磨け!』

『大好きなことで、食べていく方法を教えよう。』


**〈学研プラス〉**

『たった２分で凹みから立ち直る本』

『たった2分で、決断できる。』

『たった2分で、やる気を上げる本。』

『たった2分で、道は開ける。』

『たった2分で、自分を変える本。』

『たった2分で、自分を磨く。』

『たった2分で、夢を叶える本。』

『たった２分で、怒りを乗り越える本。』

『たった2分で、自信を手に入れる本。』

『私たちの人生の目的は終わりなき成長である』

『たった2分で、勇気を取り戻す本。』

『今日が、人生最後の日だったら。』

『たった2分で、自分を超える本。』

『現状を破壊するには、「ぬるま湯」を飛び出さなければならない。』

『人生の勝負は、朝で決まる。』

『集中力を磨くと、人生に何が起こるのか？』

『大切なことは、「好き嫌い」で決めろ!』

『20代で身につけるべき「本当の教養」を教えよう。』

『残業ゼロで年収を上げたければ、まず「住むところ」を変えろ!』

『20代で知っておくべき「歴史の使い方」を教えよう。』

『「仕事が速い」から早く帰れるのではない。「早く帰る」から仕事が速くなるのだ。』

『20代で人生が開ける「最高の語彙力」を教えよう。』

『成功者を奮い立たせた本気の言葉』

『生き残るための、独学。』


**〈KADOKAWA〉**

『君の眠れる才能を呼び覚ます50の習慣』

『戦う君と読む33の言葉』


**〈かんき出版〉**

『死ぬまで仕事に困らないために20代で出逢っておきたい100の言葉』

『人生を最高に楽しむために20代で使ってはいけない100の言葉』

『20代で群れから抜け出すために顰蹙を買っても口にしておきたい100の言葉』

『20代の心構えが奇跡を生む【CD付き】』


**〈きこ書房〉**

『20代で伸びる人、沈む人』

『伸びる30代は、20代の頃より叱られる』

『仕事で悩んでいるあなたへ 経営コンサルタントから50の回答』


**〈技術評論社〉**

『顧客が倍増する魔法のハガキ術』


**〈KKベストセラーズ〉**

『20代　仕事に躓いた時に読む本』

『チャンスを掴める人はここが違う』


**〈廣済堂出版〉**

『はじめて部下ができたときに読む本』

『「今」を変えるためにできること』

『「特別な人」と出逢うために』

『「不自由」からの脱出』

『もし君が、そのことについて悩んでいるのなら』

『その「ひと言」は、言ってはいけない』

『稼ぐ男の身のまわり』

『「振り回されない」ための60の方法』

『お金の法則』


**〈実務教育出版〉**

『ヒツジで終わる習慣、ライオンに変わる決断』


**〈秀和システム〉**

『将来の希望ゼロでもチカラがみなぎってくる63の気づき』


**〈新日本保険新聞社〉**

『勝つ保険代理店は、ここが違う!』


**〈すばる舎〉**

『今から、ふたりで「5年後のキミ」について話をしよう。』

『「どうせ変われない」とあなたが思うのは、「ありのままの自分」を受け容れたくないからだ』


**〈星海社〉**

『「やめること」からはじめなさい』

『「あたりまえ」からはじめなさい』

『「デキるふり」からはじめなさい』


**〈青春出版社〉**

『どこでも生きていける 100年つづく仕事の習慣』

『「今いる場所」で最高の成果が上げられる100の言葉』

『本気で勝ちたい人は やってはいけない』

『僕はこうして運を磨いてきた』


**〈総合法令出版〉**

『20代のうちに知っておきたい お金のルール38』

『筋トレをする人は、なぜ、仕事で結果を出せるのか?』

『お金を稼ぐ人は、なぜ、筋トレをしているのか？』

# 千田琢哉著作リスト　（2018年6月現在）

『さあ、最高の旅に出かけよう』

『超一流は、なぜ、デスクがキレイなのか?』

『超一流は、なぜ、食事にこだわるのか？』

『超一流の謝り方』

『自分を変える 睡眠のルール』

『ムダの片づけ方』

『どんな問題も解決する すごい質問』

『成功する人は、なぜ、墓参りを欠かさないのか？』

『成功する人は、なぜ、占いをするのか？』

『超一流は、なぜ、靴磨きを欠かさないのか?』

『超一流の「数字」の使い方』


**〈ソフトバンク クリエイティブ〉**

『人生でいちばん差がつく20代に気づいておきたいたった１つのこと』

『本物の自信を手に入れるシンプルな生き方を教えよう。』


**〈ダイヤモンド社〉**

『出世の教科書』


**〈大和書房〉**

『20代のうちに会っておくべき35人のひと』

『30代で頭角を現す69の習慣』

『人生を変える時間術』

『やめた人から成功する。』

『孤独になれば、道は拓ける。』

**〈宝島社〉**
『死ぬまで悔いのない生き方をする45の言葉』
【共著】『20代でやっておきたい50の習慣』
『結局、仕事は気くばり』
『仕事がつらい時 元気になれる100の言葉』
『本を読んだ人だけがどんな時代も生き抜くことができる』
『本を読んだ人だけがどんな時代も稼ぐことができる』
『１秒で差がつく仕事の心得』
『仕事で「もうダメだ!」と思ったら最後に読む本』

**〈ディスカヴァー・トゥエンティワン〉**

『転職１年目の仕事術』


**〈徳間書店〉**

『一度、手に入れたら一生モノの幸運をつかむ50の習慣』

『想いがかなう、話し方』

『君は、奇跡を起こす準備ができているか。』

『非常識な休日が、人生を決める。』

『超一流のマインドフルネス』

『5秒ルール』


**〈永岡書店〉**

『就活で君を光らせる84の言葉』


**〈ナナ・コーポレート・コミュニケーション〉**

『15歳からはじめる成功哲学』


**〈日本実業出版社〉**

『「あなたから保険に入りたい」とお客様が殺到する保険代理店』

『社長!この「直言」が聴けますか？』

『こんなコンサルタントが会社をダメにする!』

『20代の勉強力で人生の伸びしろは決まる』

『人生で大切なことは、すべて「書店」で買える。』

『ギリギリまで動けない君の背中を押す言葉』

『あなたが落ちぶれたとき手を差しのべてくれる人は、友人ではない。』


**〈日本文芸社〉**

『何となく20代を過ごしてしまった人が30代で変わるための100の言葉』


**〈ぱる出版〉**

『学校で教わらなかった20代の辞書』

『教科書に載っていなかった20代の哲学』

『30代から輝きたい人が、20代で身につけておきたい「大人の流儀」』

『不器用でも愛される「自分ブランド」を磨く50の言葉』

『人生って、それに早く気づいた者勝ちなんだ!』

『挫折を乗り越えた人だけが口癖にする言葉』

『常識を破る勇気が道をひらく』

『読書をお金に換える技術』

『人生って、早く夢中になった者勝ちなんだ!』

『人生を愉快にする! 超・ロジカル思考』

『こんな大人になりたい!』

『器の大きい人は、人の見ていない時に真価を発揮する。』


**〈ＰＨＰ研究所〉**

『「その他大勢のダメ社員」にならないために20代で知っておきたい100の言葉』

『好きなことだけして生きていけ』

『お金と人を引き寄せる50の法則』

『人と比べないで生きていけ』

『たった１人との出逢いで人生が変わる人、10000人と出逢っても何も起きない人』

『友だちをつくるな』

『バカなのにできるやつ、賢いのにできないやつ』

『持たないヤツほど、成功する!』

『その他大勢から抜け出し、超一流になるために知っておくべきこと』

『図解「好きなこと」で夢をかなえる』

『仕事力をグーンと伸ばす20代の教科書』

『君のスキルは、お金になる』

『もう一度、仕事で会いたくなる人。』


**〈藤田聖人〉**

『学校は負けに行く場所。』

『偏差値30からの企画塾』

『「このまま人生終わっちゃうの?」と諦めかけた時に向き合う本。』


**〈マネジメント社〉**

『継続的に売れるセールスパーソンの行動特性88』

『存続社長と潰す社長』

『尊敬される保険代理店』


**〈三笠書房〉**

『「大学時代」自分のために絶対やっておきたいこと』

『人は、恋愛でこそ磨かれる』

『仕事は好かれた分だけ、お金になる。』

『1万人との対話でわかった 人生が変わる100の口ぐせ』

『30歳になるまでに、「いい人」をやめなさい!』


**〈リベラル社〉**

『人生の9割は出逢いで決まる』

『「すぐやる」力で差をつけろ』

## 千田《せんだ》 琢哉《たくや》

文筆家。

愛知県犬山市生まれ、岐阜県各務原市育ち。

東北大学教育学部教育学科卒。

日系損害保険会社本部、大手経営コンサルティング会社勤務を経て独立。

コンサルティング会社では多くの業種業界におけるプロジェクトリーダーとして戦略策定からその実行支援に至るまで陣頭指揮を執る。

のべ 3,300 人のエグゼクティブと 10,000 人を超えるビジネスパーソンたちとの対話によって得た事実とそこで培った知恵を活かし、“タブーへの挑戦で、次代を創る”を自らのミッションとして執筆活動を行っている。

著書は本書で 156 冊目。

●ホームページ：http://www.senda-takuya.com/

# 超一流の「数字」の使い方

2018年 6 月20日　初版発行

著　者　千田 琢哉

発行者　野村 直克
ブックデザイン　萩原 弦一郎（256）
発行所　総合法令出版株式会社
〒103-0001
東京都中央区日本橋小伝馬町15-18
ユニゾ小伝馬町ビル9階
電話　03-5623-5121（代）

印刷・製本　中央精版印刷株式会社



ISBN978-4-86280-626-0
落丁・乱丁本はお取替えいたします。
総合法令出版ホームページ　http://www.horei.com/